On Your Mark
寫給想重新出發的你

Chocolate Rain ◎插畫
金鈴、森焱 ◎文字

人物介紹

森焱
離家出走的富家子弟，醉心舞蹈。

金鈴
擁有一雙靈動大眼睛的女生，感覺敏銳。

班多鈕
歌廳樂師，常常戲稱金鈴做大眼妹。

Mark Danson
著名阿根廷舞者，每年舉辦比賽提拔人才。

翠芝
探戈新星，曾學習芭蕾舞，重視得失。

茉莉
探戈新星，氣質柔弱。

Arunas
茉莉的舞伴，耿直善良。

引言

這是一個從絕望到希望的故事。

為了跳舞，森焱打幾份散工，日以繼夜儲錢交學費。不過，令他不惜離開豪門大宅，來到廟街這個平民大集會生活，並非只是為了跳舞——他內心隱藏着一個至今仍未有人能解構的謎題……

另一邊廂，十五年不間斷旅行的金鈴，原因只有一個：尋找失去的戀人，苦無結果。無意中發現對方留下的遺物，隱藏着一個密碼，和幻滅有關。她在網絡搜尋，發現一間「幻滅教室」，眼見無法尋回戀人，只好沉淪在和戀人之間的悲痛感覺，因而開始學舞。

森焱偶遇一位能彈奏被人形容為「魔鬼樂器」的六角手風琴的混血兒樂手班多鈕，他請求班多鈕即席演奏。但像老頑童一樣的班多鈕存心作弄他，要求他在十五分鐘內找一個女生到廟街即興共舞，才肯伴奏。

到底甚麼能令頹廢了二十年的樂師，捲土重來？

On Your Mark 新星選拔賽的冠軍竟然藏着意想不到的秘密？

金鈴和森焱能否奇蹟地演繹出令世界各地舞者夢寐以求的 Magic Moment？

他們最終如何得到覺悟，解開心中的謎題？

翻開第一頁，你就能找到自己的 Magic Moment！

幻滅的盡頭，是重生；即使身陷絕望，我們也要相信希望。

1

　　舞池上方有一盞如水銀瀉地的龐然水晶燈，反照出不同顏色的謎樣光芒，這裏表演的都是歷屆探戈比賽中的冠軍人物，成雙成對，跟着交響樂團奏出的旋律起舞。森焱一聲不響，拉開頸項上的領帶，狠狠地丟棄在亮晶的雲石地板上。在眾人灼熱的目光和如蟲鳴的竊語中，他毅然離開，決定永遠不再回來。

　　在一個月後的夜晚，這男人踢着涼鞋，坐在廟街的露天大牌檔。他看着夾雜零星貓眼石碎的瀝青行人路面，想在這地方找出隱藏在他內心一個至今仍未有人能解構的巨大謎題。

2

　　戀人消失了十五年之後，金鈴第一次重返這裏。她走進一間高級住宅大廈，來到頂樓的房子，打開大門，滿屋素白，傢具彷彿穿着用白布做的大衣，抵抗沒有主人的幽冷。

　　她看着這單位，想起獨居的樂天第一次帶她上來參觀，又裝神弄鬼，為着開玩笑把她嚇一跳。想着兩人之間，美好的昔日，她心頭一緊，呼吸急促，幾乎是想要把屋內主人曾經留下的氣息都吸進肺部。

　　如果，氣味能永存，就能令記憶歷久常新，這該有多好。

　　金鈴走進房間，桃木書桌上只有一台舊式電腦。她順手打開抽屜，目光落在抽屜裏的角落，鋼錶閃亮如新，顯而易見，樂天有悉心擦拭鋼錶錶帶。但仔細看，它的水晶玻璃錶面卻蘊藏歲月痕跡，看來有超過五十年歷史。

　　錶上繪製了一個跳舞女神，她的一手和一腳，變成時分的指針。她從未見過造工如此獨特的手錶。她拿起它，指針開始挪動，它是自動錶，搖一下它又活起來，她聽着它滴答滴答行走，彷彿它也有心臟，是活生生在行走。這錶比較中性，放在自己的手腕上，看來也合襯。她對它愛不惜手，戴着它，和樂天又似乎有了連繫。

在抽屜深處，她發現一張機票紙本收據。時光倒流，她這才記起當年買機票是一件大事，和現在彈指之間就唾手可得的電子機票，截然不同。她仔細端詳發黃的收據，記載了十五年前兩人的最後一次旅行目的地——希臘愛琴海。

腦海裏的零碎片段，如幻影如泡沫，她的淚水湧出眼眶，串滑過面龐，剛好滴在紙上，化開一片雲朵。此時，她驚異地發現紙背有幾個字透印出來。她反轉，發現七個英文字母，她一眼就認出是樂天的筆跡。

D-E-S-T-R-O-Y

她怔呆地看着這組字：幻滅？她靈動的大眼睛一溜，馬上聯想到，樂天的失蹤。

3

　　她無意識地在互聯網上搜索近期有關 DESTROY 一字的最熱門瀏覽，第一個名字竟是：DESTROY 教室。教室？這地方是教甚麼的？

　　強烈的好奇感，從她內心冒起。她依據地址，找到一間坐落在廟街這個本地文化集散地的教室。教室並沒有浮誇的招牌，白色牆壁上只有七個黑色的大字：DESTROY，旁邊還有細小的一句：舞室。

　　這地方原來是教跳舞的？她天生四肢不靈光，手腳不協調；從未曾學習跳舞，更沒想像自己可以跳舞。她唯一對這間教室感到好奇，是它用「幻滅」來做名字。為甚麼要用這個和她現時心理狀況一樣的名字？

幻滅，是一種暗黑力量，它最可怕的地方，不是幻滅，而是絕望。經濟不景，百業蕭條，金鈴腦海中縈繞不散的，不但是社會悲情，還有一種因不能繼續出走而產生的無力。

她找樂天已經十五年，根本找不到他。現在，她連出門也不可能，更遑論他會再出現。她，已經再沒有重見樂天的希望了。

這些年，她甚至開始擔心，漸漸淡忘他們之間的感覺。他們曾經相扣着的手，被逼拆散。Destroy 令她想找回和樂天分別前，雙手緊扣着的最後一刻感覺。

如果找到那份感覺，她寧願孤獨終老，和樂天停留在回憶。

這樣，她便可以沉溺在幻滅的悲傷之中。她想找回和樂天分別前，雙手緊扣着的最後一刻感覺。這點維繫，令她停留在幻滅的悲傷之中。她決定留在這裏上課，保存幻滅的悲傷感覺，直到永遠。

在接下來的課堂上，她發現一個「來如風去如電」的男同學。他甚少跟同學閒聊，總是專注學習，他的世界，彷彿沒有其他人的存在。

同學説，他的名字叫——森焱。

4

在大牌檔的暈黃燈光下，森焱一邊把啤酒斟滿玻璃杯，一邊回想昨天的事。他當時經過廟街後巷，打算在濕漉漉的牆壁之間，避過大垃圾袋，抄捷徑回教室上課。

為了跳舞，森焱打幾份散工，日以繼夜儲錢交學費。不過，令他不惜離開豪門大宅，來到廟街這個平民大集會生活，並非只是為了跳舞——他內心隱藏着一個至今仍未有人能解構的謎題……

為了尋找答案，他在「幻滅教室」展開了一段意想不到的阿根廷探戈旅程。他學過很多不同的舞蹈，無可否認，每一種舞蹈都有它的吸引力。然而，他感到最有興趣，似乎是最近新學的阿根廷探戈。他學習探戈一段時間之後，發現舞者兩人，必須穩定站在自己的軸心，重心放在腳前掌，持續處於「有了對方會站得更穩」的狀態；又要在沒有自顧不暇的前提下，「把注意力放在對方身上」，是跳好一支舞的關鍵技術。

這不就是人與人之間的相處之道？他覺得，這舞蹈很有趣。

就在他靈活地跳過凹凸不平地面上的水窪之際，他看見一個人的背影，對方蓄起長髮。目光如炬的他馬上就察覺，對方手上有那物件。

那人鬼鬼祟祟閃進歌廳的後門。他馬上覺得，和他想尋找的答案可能大有關聯。

可惜偏偏這時他趕着上課，即使腳步想跟着對方，也只得放棄。

他放學之後，匆匆忙忙來到剛才看見那人的歌廳。廟街只有數間歌廳，他看見對方進入的，是最老舊的艾莉絲歌廳。

艾莉絲歌廳記載的，是上世紀銀幕歌女。當年，廟街上的曲藝社和歌廳雲集、歌女賣藝謀生之地。在歌廳最火紅的年代，歌女一踏上舞台，打賞源源不絕。

半世紀過去，歌聲仍猶在耳，回音飄散，歌女屬於過去，也是現在。

在廟街的黃金年代，每晚熱鬧沸騰。一般市民負擔不起夜總會的高消費，就走到附近的歌廳。粵曲是那個年代的流行音樂，夜夜熱唱，為基層提供廉價娛樂。很多人都說，上一代不少紅星歌手也是從這裏走出去。

現在，歌廳風光不再。港人北上工作、娛樂消遣，慣常來廟街聽歌的一輩也少來。歌廳生存空間愈縮愈小，歌女各散東西，艾莉絲歌廳是其中的滄海遺珠。

森焱因為工作關係，幾乎早午晚都在廟街出沒。有時在街頭巷尾飲酒，有時又會在擺攤前行色匆匆。每天黃昏後，廟街擺出的攤位有六百米長，賣的東西很雜，有服裝、眼鏡、手錶、玩具、皮具、明星掛畫、望遠鏡、玉器、紫砂茶具、錢幣、飾物、舊照片、舊畫作等。

廟街是香港龍蛇混雜之地，亦是香港早期煙花之地，街旁建築物下，仍可見妓女拉客。森焱和艾莉絲歌廳門口幾位年輕人打招呼，他認得他們，他們是附近「陀地」。他們收取保護費，維繫附近商業活動。這種關係很微妙，就像一種地下規律。

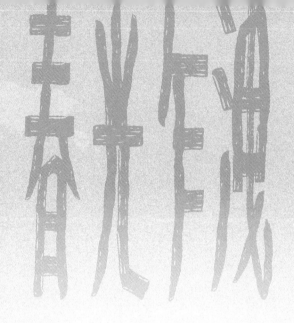

5

　　皇室戲院重新上映《春光乍洩》。這戲由王家衛導演，梁朝偉與張國榮兩位傳奇影星毫無保留的真情演出。而最特別是，這電影由一代舞王胡安・卡洛斯・科普斯（Juan Carlos Copes）專誠親自指導。

　　「挑逗與拒絕，火辣纏綿，他們的愛，是一場漫長的探戈。時而若即若離，時而融為一體，你來我往之間，剩下盡是寂寥與傷悲。」

　　「電影裏時不時會響起探戈的配樂，既帶着南美浪漫異國風情，也帶着濃烈的憂傷惆悵，是初學者認識音樂的最佳方式之一。」

　　《春光乍洩》談的是愛、寂寞與遺憾，相愛的兩個人，不一定能夠一起走到最後。人們在愛情裏，悲傷常常大過於開心，是因為太在意對方，而患得患失，有時甚至會迷失自己。多少情侶，終於走到了目的地，卻遺失了對方。再熾熱的愛情，也不一定可以從頭來過。

春光乍洩

happy together

大銀幕重現

皇室戲院 CINEMA

「在這座城市，我遺失了你。」金鈴看
着手腕上樂天留下的手錶，心裏被扎了一下。
「下一次，我們會幸福嗎？」

6

金鈴的淚水浸滿眼眶，淚流滿面。

就在這時，她意外地發現，不遠處的森焱，正在微微聳動肩膀——莫非，他也在抽泣？

旁人眼中桀驁不馴、離經叛道的森焱，居然會傷感流淚？

熒幕上：「在探戈裏，沒有所謂錯步，不像人生。跳舞簡單得多，直接得多，接下去跳就可以，所以很棒。」

（她想去皇室戲院看重新上映的《春光乍洩》，一齣悲情電影，和她的狀態相符。

數小時後，她來到戲院售票亭，職員冷淡地指一指即場上映屏幕，説：「落畫了。現在上映的，是《探戈情未了》(Our Last Tango)。」

金鈴一愕，她完全沒想到電影已經放完，正在懊悔為甚麼不早點來看之際，看到今日上映的電影《探戈情未了》介紹，當中有一個熟悉的人名：胡安·卡洛斯·科普斯。

看來是緣份，金鈴當下決定買票入場。

甫坐下來，她在微暗的戲院裏，看到前方右排有一個熟悉的身影。他是⋯⋯

為甚麼他會在這裏？他也來看這齣電影？金鈴打量森焱的側臉，反射出熒幕上的閃爍白光，她心裏轉出一連串問號。

影片裏的瑪莉亞年輕時追求者眾，但她為愛癡狂。然而，她卻只對科普斯動心，偏偏，俊逸的科普斯深受眾多女孩歡迎，瑪莉亞黯然神傷。為能跟科普斯在一起，於是開始勤練探戈。與此同時，科普斯經過艱辛練習，舞技亦精進不少。不久兩人再遇，他邀瑪莉亞為舞伴，就此定情，再也離不開對方。

遠赴紐約發展的科普斯與瑪莉亞，一開始並不順遂，懷才不遇的兩人還餐風露宿、居無定所。有天科普斯突發奇想，邀瑪莉亞在餐桌上跳探戈，瑪莉亞提心吊膽上桌共舞，卻效果奇佳，新奇的「餐桌探戈」成為百老匯一票難求的表演節目，讓兩人聲名大噪，從此名利雙收。現實生活中，科普斯與瑪莉亞感情很好。電影中說，瑪莉亞因為太愛科普斯，經年累月陪他巡迴世界表演，不僅不敢懷孕、甚至還曾流產。探戈路上，兩人相伴走過五十五年。然而，情路上，卻是彼此的冤家。科普斯才華洋溢，風流倜儻，依戀瑪莉亞的同時，緋聞不斷，兩人離離合合數十年。一直夢想過相夫教子生活的她，最終沒能生育，耿耿於懷。因此當她知道有其他女人替科普斯懷孕生子時，整個人情緒崩潰、痛不欲生。

　　科普斯再娶妻子蜜莉安讓瑪莉亞傷心欲絕，他和瑪莉亞變得不再對話，卻因彼此熱愛探戈，竟又繼續共舞了二十年。科普斯妻子蜜莉安為他生下女兒，卻始終將他的「最佳舞伴」瑪莉亞視為頭號情敵，對科普斯下最後通牒，要求他在家庭和舞伴之間作出取捨。科普斯在一次巡演前，毅然決定要跟瑪莉亞正式分道揚鑣，這對兩人事業，都是一大重擊。

　　直到這齣電影《探戈情未了》開拍，兩人才重新聚首。）

7

歌廳裏，即使大白天也是漆黑一片。

醉醺醺的中年男人，散着銀白色的鬈髮，搖頭晃腦，跌跌撞撞，帶着一個六角手風琴。六角手風琴是紅木所製，刻着雕花，雖然有點老舊，但反而更有味道。

他抬一下棕褐色的絲絨紳士帽，露出像死魚一般反白的大眼睛，有點滑稽，輪廓分明的五觀，是典型南美混血兒。酒意把他的臉染成大紅，銀白八字鬚上還沾上幾滴酒滴，步履蹣跚，走到舞台後方。

在這個舞台的最暗角落，是他二十年來生存的地方。

他彎背，把六角手風琴收藏在電子琴下方。後面的燈光師，忍不住又問：「班多鈕呀班多鈕，從未見你彈這手風琴，但你怎麼會十年如一日拿着它來歌廳？」

班多鈕笑瞇着眼睛：「你請我飲酒，飲到我醉了，我馬上告訴你這秘密。」

燈光師晦氣地搖手。

班多鈕挑起眉毛，吹鬚碌眼：「這是一個大秘密，大秘密呀！」他神經質地重重敲一下琴鍵，驚嚇了懶洋洋癱坐在梳化上玩手機的歌女。

「老鬼，有一個年輕人來找你。」一位歌女站在遠遠向他說。

班多鈕的臉上沒有一絲驚喜，或一絲憂慮。他不會認識甚麼年輕人，也不在意這個人是誰。更重要是，管他是天皇老子，和他根本完全無關。

　　就在這時，歌廳的門打開了，一個穿着淺色長袖襯衣的男生走了進來。

　　梳化上玩手機的歌女抬起眼睛，含笑：「小夥子，你來了？」男生點頭：「還不是多謝你提點我，要在這時間前來。」歌女攤開手板。他打開銀包，眼神有點遲疑，拿出最後一張百元紙鈔給她。

　　森焱知道，有錢使得鬼推磨。只是，他的閒錢亦不多，不能再慢慢消磨。他深信，這人一定知道他心裏想尋找的答案，他今天一定要問個明白。

　　歌女指向舞台的暗角，説：「他在那……」

　　她忽然跳起：「他去了哪裏？」

　　但見，一個男人的身影，提着六角手風琴鼠往後門。

　　森焱馬上拔足追上去，他緊跟着他身後，穿越後巷，來到大笪地，有數個歌檔，有觀眾正在圍觀歌女唱歌。草根民眾負擔不起歌廳的高消費，就走到這個露天的平民夜總會。粵曲是流行音樂，夜夜熱唱，為基層提供廉價娛樂。

　　班多鈕本來只是一心覺得，不想自己生活被打擾，所以這麼多年來，他一直避開其他人的糾纏。

　　如今被他追了好幾條街，上氣不接下氣，心裏有點生氣。他猛地轉身，瞪大眼睛，想唬嚇森焱。

　　森焱指向他手中的六角手風琴：「先生，我沒有惡意。我叫森焱，來找你，只是為了它。」

就在聽見他這麼說的一刻，班多鈕止住，問他：「你知道這東西？」

森焱點頭：「六角手風琴到底為甚麼被人形容為『魔鬼的樂器』？」

班多鈕為了打發他走，一口氣說：「這主要是因為它的鍵盤排列沒有規則。」

他轉身，拋出一句：「這東西，不是人彈的，是魔鬼彈的。」

森焱一個箭步上前請求：「我是跳阿根廷探戈的，你可以即席彈一曲給我嗎？」

班多鈕不耐煩大叫：「我不是跟你說，這是魔鬼彈的樂器！你覺得我似魔鬼？！」

森焱一臉誠懇：「求求你。」班多鈕看他一眼，忽然心生一念，想作弄他。

「好，你想聽，我可以達成你心願。不過，阿根廷探戈講求即興。這裏是大笪地，和布宜諾斯艾利斯的街頭藝術氣氛，倒有幾分相似。你若能在十五分鐘內，找到一個女生和你在這裏即興跳舞，我即席為你們演奏。若你做不到，我永遠都不想見你。」

班多鈕明知他沒可能在如此短時間找到合適的人共舞，他只是故意為難這男生。

8

　　森焱一聽，心裏慌張起來。探戈音樂的情緒表達，既直接暴烈，卻又內斂細膩；樂曲音色綿密，表情略帶壓抑或者華麗；在基本框架內以高度的自由性，給予情感飽滿呈現的空間。

　　它的靈魂，就是六角手風琴；他真的很想聽到這樂器的現場聲音。

　　電光火石之間，他想到一個方法。

　　DESTROY 教室不就在這附近？他跑到街口的商業大廈，熟練地快速按動電梯按鈕。

　　他在電梯內焦急地盤算：下課已經好一段時間，又剛好是吃飯時間，不知道還有沒有人未離開教室⋯⋯

衝進教室，一個人也沒有！他失望地掛下臉，心想：即使現在打電話給女同學，也未必來得及。

就在這時，一位女生剛用完洗手間出來。

「你未走？」他瞪視着眼前的金鈴。

金鈴被他突如其來的關注嚇住：「我剛剛肚疼，打算換完鞋便離開……」森焱沒等她把話說完：「太好了，你跟我來！」

「去甚麼地方？」金鈴問。森焱一把拉住她手臂：「抱歉，沒時間了，我們邊走邊說。」

金鈴指指腳上的高跟舞鞋。他微笑：「我帶你去跳舞。」

9

來到大笪地，金鈴被帶到一個醉醺醺的男人面前。

此時，班多鈕看見森焱居然拖着一個女生準時前來，目瞪口呆。

他嘆一口氣，拿出六角手風琴試音：「好吧，你們出去準備。」站在露天小廣場，眼見開始有途人靠近圍觀，金鈴呆若木雞，這才意識到，森焱是要她和他在街上跳舞。

她馬上搖頭：「不行，這是大街大巷。」

森焱笑逐顏開領她到人群的中心：「有甚麼沒關係？阿根廷探戈本來就是在街上跳。」

金鈴很想離開：「我才學了兩個月，很多舞步也不會。」

森焱說：「沒關係，你只要放鬆跟我跳。」金鈴狐疑：這人對跳舞如此信心滿滿？

音樂頭幾個音符響起，森焱一聽就知道，這首歌是：我聽到你的聲音（*Oigo tu voz*）。

高挑的他不慌不忙，來到她面前，金鈴內心充滿未知的猶豫：眾目睽睽，自己若跳不好，會不會被途人恥笑？

森焱在她耳邊說：「你投入感覺，就會跳好。知道這首歌是甚麼嗎？它充滿傷感。」

歌詞大概是：

對死亡的恐懼，對生存的渴望，是夢想抑或真實？

歌唱着我遺忘的，訴說着我遺失的……

是否在我的門外是你，是否真的是你的聲音，

我不想打開門，不想為了幻想破滅而哭泣。

金鈴聽完森焱這麼説，心裏被撼動了……不想為了幻想破滅而哭泣？

她聯想起樂天——在我的門外是你？是否，他真的在她門外？她的內心抽搐了一下。

她從未淡忘他們之間的感覺。此刻，她的內心滿瀉着一種幻滅的痛苦。

10

音樂徐徐而起，班多鈕手中六角手風琴那種優美而憂傷的音色，彷彿有隻瞎眼的鳥兒在裏頭歌唱。

金鈴怯懦地把手放在森焱右肩，他用右手溫柔地擁抱她。

她第一次感受這樣的輕，他不像其他師兄，像緊箍咒把自己圍堵。老師説過，緊緊的擁抱，能夠給女生安全感。但她嘛，偏偏太有戒心，很容易會緊張起來。

兩人緊貼對方，感應對方。

他領着她轉圈，如萬花筒般轉圈。她是被酒氣醺得眩暈，還是被舞步迷得眩目？她自己也不太清楚。他帶她跳她不懂得的舞步，匿藏在她內心有一隻蝴蝶想破蛹，想飛走……

到中段，她開始站不穩。他用力抱了她一下，在耳邊問她：還可以嗎？

不服輸的金鈴，想跳下去，所以點頭。她跟上他的肢體，不徐不疾，把感情完全灌注於旋律和舞步。

此刻的他們，彷彿忘記了廣場上的其他人。她很用心地傾聽對方內心發出的引導，他亦很努力在保護她不受外界干擾。

兩個人的步伐，漸漸變成一體。兩個人之間的互動，是靈魂深處的牽掛，儼如相知的伴侶，緊緊相擁。

他和她，周圍是曠野裏的花，頹而不廢，糜而不爛。他們是酒醉的蝴蝶，即便是兩個人跳，也如同一個人的舞蹈。梁山伯與祝英台，在進退，旋轉，停頓間，氤氳出一股悽美。

在灰白的英泥地上，微薰的燈光倒映下，半醉半醒，化成酒醉的蝴蝶。

像幽魂一樣，縱行遍天涯，夜色妖嬈，夢魂戀舊樹。

11

在班多鈕彈完最後一個音符，一切戛然而止。班多鈕的雙眼，滿載着幾十年的淒涼。眼前這對男女，以相同的角度聚焦在相握的手，伴隨樂曲，是試探的、是你進我退的。

大概是太專注尋找對方身上的引導，森焱全神貫注投入，他驚覺自己在轉變，隨心所欲，和金鈴，在只有兩個人的時空飛舞。彷彿，世界只有他們兩個。

前額滑過汗珠的森焱，低頭看着金鈴，沒有說話。

金鈴心跳得很快，雙頰泛紅；趁着森焱還未喘定氣，她轉身就跑。

她用最快的速度向廣場西面離開，就像灰姑娘趕緊跑回家的模樣。

與此同時，臉上爬滿淚水的班多鈕，不能自已地愴惶夾着六角手風琴往廣場東面奔逃。

風沙千里，落葉四散。大筐地上只餘下森焱，獨立於街燈之下。在恍惚中，憶想剛才那幾分鐘幻象，眼梢眼角，卻掩不住的哀慟。

他每次跳舞，都有專注在對方。但從未試過，在這舞蹈中，在探戈音樂中，抽離原本世界，完全敞開自己，讓深層情感得以流露出來。

圍觀的途人掌聲四起，他驚醒，才發覺，班多鈕和金鈴分別已離開。

　　昨晚他看着他們跳舞，明明是廟街大笪地上的英泥路，忽然變成布宜諾斯艾利斯的石板街；明明是光潔的直立燈柱，卻變成彎腰吊掛黃燈的古銅柱。

　　班多鈕晃頭晃腦説：「喜愛探戈的人，多半都是愛酒的人，舞蹈一定是在半醉之間才更有味道。」

12

班多鈕幻想自己能回到少年時，在阿根廷。

這樣的想法，從離開家鄉開始，每天都在班多鈕的腦海中出現。

那幅既熟悉又遙遠的畫面，經常在他腦中勾勒出來。一位咬着紅玫瑰的舞者，和舞伴如情人一般貼近，翩翩起舞，背景裏樂隊演奏的，就是一支溫婉深情，又帶有少許遺憾的探戈，象徵着狂戀與神秘的探戈樂曲。

班多鈕誕生於阿根廷的海港城市馬德普拉塔，是阿根廷著名旅遊勝地，他的父母就是在此相遇。後來，父親離開了，母親沒有交代他到了哪裏。

他母親是一位典型的阿根廷美女，大眼睛，身材勻稱。班多鈕跟隨母親長大，家庭環境惡劣，學業成績又差，從小被視為「不入流」的小混混，但他喜歡音樂。生活十分艱難，所幸母親沒有因此而喊出「飯都吃不飽，還學甚麼音樂！」相反，會跳探戈舞的母親，非常希望兒子也能接觸音樂，尤其是阿根廷的探戈音樂。

每天晚上，當母親完成了酒吧表演的工作後，回家都會放探戈唱片來聽。這也是，為甚麼班多鈕母親為兒子，取一個和六角手風琴一樣的名字。班多鈕手風琴，即六角手風琴，是探戈音樂的靈魂樂器，能表現多愁善感與思念的情懷。

班多鈕耳濡目染，是個十足十的探戈音樂小粉絲。班多鈕從小聽這音樂，每一段音節，每一個音符，早種在心裏。

　　為了讓兒子接觸探戈樂，母親千辛萬苦從朋友處討來了一個二手的六角手風琴，當作班多鈕的八歲生日禮物。這個能發出迷人音色的六角手風琴，擁有獨一無二、渾厚多變的音色，在風箱拉合之間所發出的特有氣聲，雙手甩動琴身產生的爆裂聲響，猶如超強磁鐵，牢牢地吸引着班多鈕。

　　班多鈕的六角手風琴天份，讓他在十三歲那年，被一位探戈音樂家發掘並受邀同台演出，隨後更在對方建議下，在一間地庫小酒館，製作伴舞音樂。

　　他知道，想彈好作品，就必須對探戈音樂黃金時期的樂曲有所了解，因為那也是豐厚滋養音樂創作的源頭，知其根源，方能窺見其中演變脈絡。他努力學習，表現愈來愈出色。

　　因為覺得獨奏太單一，班多鈕甚至在二十歲那年開始組織樂團，不過，不到五年的光景，班多鈕的第一個探戈樂團，仍因為經濟困難而解散。

　　此時的班多鈕陷入人生低谷，適逢阿根廷亦面臨史上最大的經濟危機，百業蕭條，政府甚至凍結了國民的銀行戶口。

　　母親於是叫他去香港，投靠他親生父親，一個中國男人，一個音樂家。他從朋友口中打聽到，香港是一個五光十色的地方，華洋混雜，文化開放。

他和母親分別，滿懷興奮和期望，來到香港。

可是，他的父親這個所謂音樂家的噱頭，只是他母親美麗的誤會。

他父親，是音樂家，不過，是平民夜總會的自封音樂家。他在廟街歌廳彈電子琴，正想退休。老來得子，把衣缽傳給他。

班多鈕失望地告訴父親：「我想做白天的音樂家，有正常生活、固定工作、作曲並登上音樂廳演奏。聽眾不是為了來閒聊，而是為了欣賞我的音樂而來的。」

他不想做夜晚的樂手，永遠在酒吧或夜總會彈奏一成不變的歌。但在香港，探戈音樂只是小眾音樂，別說聽，很多人連見都未見過六角手風琴。

事已至此，班多鈕的探戈之路似乎走到終點。二十年來，他沒辦法做白天的音樂家；只能為了三餐溫飽，而當夜晚的樂手。

13

直至金鈴跳上的士，她仍然在喘氣，內心久久未能平靜。剛才一首歌，就像把她帶進了回憶，幻象中充滿哀慟。她知道，這是傳說中令人如癡如醉的探戈魔幻時刻（Magic Moment）。

由雙方感應而生，亦因雙方投入而存。

她剛才所以不自覺地跑掉，是因為這感覺太虛幻：她內心生出一種前所未有，對「不確定」的懼怕⋯⋯

她是為甚麼要逃避這不太熟悉的男人呢？因為覺得累？還是因為覺得危險？但對方只是與她共舞⋯⋯

這人的出現，令她死寂的心湖，劃了一道小漣漪。他到底是誰？

為甚麼他的人生，總是充滿活力和希望？

是單純一個舞者，還是更多？這一切，令她更在意。

14

On your Mark 阿根廷探戈舞蹈比賽，即將舉行。

翠芝是學校的風頭躉，在教室未入學已經技驚四座。她從小就學習芭蕾舞，曾獲得美國傑克遜國際芭蕾舞比賽評委會特別獎，隨後進入香港芭蕾舞團。

她苦學多年，繼獲得瓦爾納國際芭蕾舞比賽特別獎之後，參加了北京國際芭蕾舞比賽。其間，一直高燒不退，但她靠着意志力支撐到了最後，卻只拿到銀獎，她極為失望。後來，她再次參加上海國際芭蕾舞大賽，當結果揭曉時，評委説這次比賽有參賽者零失誤。可惜，零失誤有兩人，冠軍仍然不是她。

她覺得芭蕾舞不適合她，選擇了阿根廷探戈。

森焱想參加比賽，多認識這隻被譽為了解愛情的絕佳素材的阿根廷探戈。外表隨性的他，其實是一個注重細節的人。他對任何準備工作都一絲不苟，不會只靠碰運氣。

一旦他成為聚光燈下的主角，其他一切都不重要。他會保持頭腦清明，雙腳輕盈。與評委和觀眾一起呼吸，享受在舞池中的時光，散發出光環，讓它閃耀。

On your Mark
比賽

以慈悲感動人心
以激情排解怨恨
以擁抱融化哀傷
以即興演奏人生

因為從小練習芭蕾舞，擅長兩腿劈開，然後很輕地落地，彷彿有一種「懸空」的感覺。

森焱常常覺得：探戈的縱情是沉靜內含的，而不是熱烈宣洩。

翠芝每次和他跳完，都得到老師和同學讚賞。可是，森焱和翠芝跳了幾次，總是覺得不夠動人。

他看向牆上張貼的 On your Mark 比賽宣傳單張，上面寫着：

以慈悲感動人心

以激情排解怨恨

以擁抱融化哀傷

以即興演奏人生

15

在比賽現場，狡黠婉轉的音樂響起，男女舞者牽起手，旋轉、跳躍、踢腿、交叉步……舞者們邁着華麗的舞步，熱情又奔放。

一位年輕女人，一身雪白，妖嬈的身姿和刻意化上濃妝的臉龐，被渾厚的男人臂膀纏繞，像是早春剛剛盛開的花叢中，露出尚未發芽的枯枝，歡喜中莫名透着孤單和蒼涼。

纖纖的她，快步向前又左顧右盼；眼神中有一種憂傷，深深植根，並化作真摯的情感，毫無保留地體現在探戈之中。

茉莉和 Arunas 演繹的探戈，是絕望裏噴發出來的奔放；熱烈卻浸潤了如深淵般的憂傷，觸動觀眾的心靈。

相比另一邊廂穿着紅裙的翠芝，和森焱的一身灰色，構成強烈對比。翠芝性感，森焱成熟內斂，兩人豐富的表現力及張力，即便只是在旁觀看，也能感受到舞者的澎湃情緒。

這時，金鈴目不轉睛看着森焱。

此刻的森焱，不僅是跟隨音樂來跳舞。他在表現探戈音樂，在根據不同樂器的演奏來跳舞。

金鈴低喃：「他整個身體和腿部的舞動，是在展現出某種樂器的演奏！看他的腿，正在演奏六角手風琴。」

比賽完結，著名舞蹈家 Mark Danson 是評判，他塊頭不小，但一身西裝非常合身。

Mark Danson 説：「新星組比賽分為冠亞軍，最終奪得冠軍的同學，會被派往阿根廷首都布宜諾斯艾利斯，代表香港，參加世界探戈舞大賽。現在，我宣佈，冠軍是──」

坐在賽席的翠芝，重重吸一口氣，整理一下身上的舞裙，準備站起來。

「冠軍是──代表快樂教室的茉莉和 Arunas。」Mark Danson 繼續説：「亞軍是──代表幻滅教室的翠芝和森焱。」

射燈落在一身素白舞衣的女生身上。

全場鼓掌，看來茉莉和 Arunas 贏得眾多觀眾芳心。

16

在更衣室，翠芝看着亞軍獎杯和花，鮮艷的紅玫瑰花，像在訕笑自己。

一班同學，柴娃娃走進來，恭喜翠芝和森焱。

他們所以進來，是因為注意到剛才頒獎時她神情複雜，看了叫人心疼。雖然說每一面獎牌都是大大的肯定與獎勵，但卻並非人人這麼想。

他們完全能理解翠芝為何明明拿了銀牌卻笑不出來。因為金牌是贏了一場比賽，銀牌卻是輸了一場比賽，這心情太複雜了。

忽然，翠芝轉身，用力把亞軍獎杯猛地砸向玻璃鏡，眾人被突如其來的舉動嚇得尖叫，玻璃碎裂的聲響中，翠芝甚至不太在意地上的玻璃碎片，沒有太多猶豫便脫下高跟鞋，扔向垃圾桶裏。

翠芝倔強地忍着淚水：「我跳芭蕾舞是亞軍；現在跳阿根廷探戈又是亞軍。這兩種舞根本不適合我！」她奪門而出。

17

在台上接受獎杯，就在這時，茉莉忽然怦一聲，在頒獎台前暈倒。全場嘩然，引起一陣騷動。

一星期之後，一家本地雜誌社想為今次的比賽做專訪。他們派特約記者，同時訪問冠軍和亞軍。

出院後的茉莉，面色依然蒼白。她和 Arunas 來到一間咖啡館，陽光透進白色窗紗，森焱已經在門窗前坐下來。

森焱問她：「你身體恢復了？」

茉莉淡淡掀起嘴角：「今天精神好一點。」

茉莉四周張望：「翠芝未到？」

森焱搖頭：「她不再跳阿根廷探戈了。」

茉莉有點錯愕，但心明如鏡的她，似乎亦猜度出端倪。

這時，雜誌社的特約記者出現，她不是別人，而竟是金鈴！

森焱瞪眼：「你怎麼會在這裏？」茉莉好奇：「你們認識？」

金鈴躬身，向茉莉打招呼：「我在 Destroy 教室學跳舞，所以認識他。工作是特約記者，事有湊巧，被委託來做這個專訪。」

茉莉清一清喉嚨：「我是一位末期癌症患者。」

正在飲咖啡的森焱立時嗆咳了幾聲，金鈴的右手懸空在鍵盤上。

她無法相信，以精湛舞技表演擊敗翠芝，奪取冠軍的人——居然，

是一位長期病患者。她需要如何強大的毅力，才能克服痛楚，練成純熟的舞步？

茉莉垂下眼睛：「那天，我在頒獎台前暈倒，是因為這個病。」

半年前，她發現右腿患了一種罕見的癌症——尤文氏肉瘤。僅僅一個月後，茉莉的生活就被醫院和各種化療藥物取代。她情緒一度崩潰，經歷多次化療，卻未能戰勝病魔。

自己罹癌後父母幾乎天天以淚洗面；醫生說，如果繼續只接受較保守的化療，她只有半年生命。如果要徹底清除癌細胞，她的必須做手術，將右腿膝蓋和股骨被摘除，用一根金屬棒替代。到時，她有可能不能跳舞，這讓她無法接受，因此，她拒絕手術。

於是她決定孤注一擲，務求贏得出線權，到阿根廷最後一次參賽，在那裏，在生命完結前，好好跳一場 Last Tango。

Arunas 忍不住插嘴：「她每一次跳舞，無論是練習，無論是綵排，無論是比賽，都是拚命忍受痛楚。」

Arunas 繼續說：「為了不耽誤練習，她請醫生在脖子裏和手腕上插入導管，自行注射靜脈止痛藥。在比賽那天，她還注射了雙倍份量！」

金鈴回想她在比賽時，依然像往常一樣揮灑汗水，依然像往常一樣想給觀眾她最美的表情⋯⋯不由得為她的身體揪心，也被這份精神深深感動。

茉莉看向金鈴：「我把每一次都看成是自己最後一次跳舞。」

金鈴恍然大悟：難怪，她跳舞時流露的感情，彷彿能沁進每個人的

心扉。因為，那是一種視死如歸似的深刻感覺。

茉莉説：「本來，我是覺得，人生多是悲痛，愛情注定不會天長地久，婚姻中也沒有才子佳人。一心抱着『好日子不會長久』的心態，將探戈中的種種糾結、不捨和聚散無常演繹出來。」

「但當我和 Arunas 跳完最後一步，忽然感受到一種前所未有的憾動。有一種力量似乎在告訴我：認輸，還不如超越。」

而當她聽到掌聲，聽到自己被肯定，剎那間，她想生存下來，她想接受手術。

暈倒之後，她被送到醫院。當她在醫院醒來，Arunas 仍然守在床邊，雙眼又紅又腫，她內心不禁傷心起來。他們是很合拍的舞伴，也是最好的朋友。

好好活着，有甚麼能比好好活着更好的事情呢？茉莉想繼續跳舞，感受被愛的自己。活着的意義就是為了能愛別人，然後自己也能被愛，這是最基本的。

積極治療、放鬆心情、保持樂觀、享受當下，她為了自己熱愛的舞蹈，去證明給自己看，她將能盡情地在舞蹈中，感受生命。

本來只想在一池死水中，黯然停留在幻滅的悲傷之中的金鈴，內心有一顆希望的種子在萌芽。

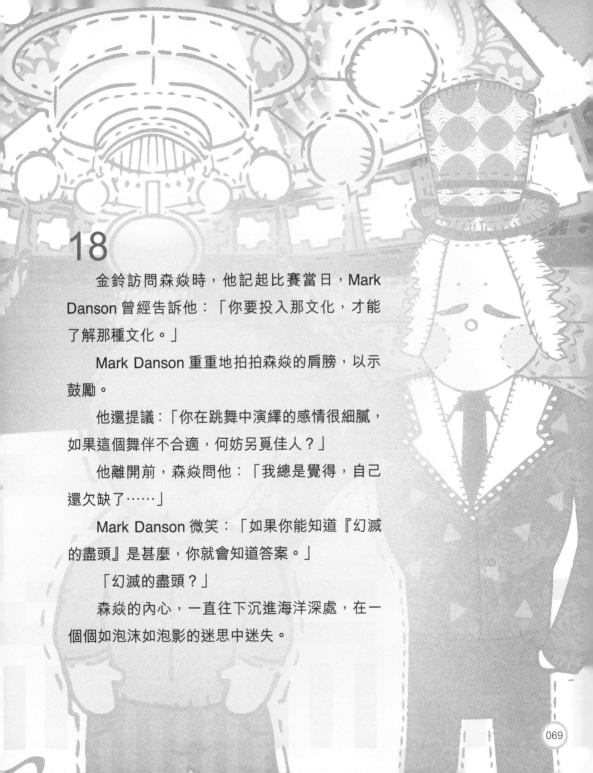

18

　　金鈴訪問森焱時，他記起比賽當日，Mark Danson 曾經告訴他：「你要投入那文化，才能了解那種文化。」

　　Mark Danson 重重地拍拍森焱的肩膀，以示鼓勵。

　　他還提議：「你在跳舞中演繹的感情很細膩，如果這個舞伴不合適，何妨另覓佳人？」

　　他離開前，森焱問他：「我總是覺得，自己還欠缺了……」

　　Mark Danson 微笑：「如果你能知道『幻滅的盡頭』是甚麼，你就會知道答案。」

　　「幻滅的盡頭？」

　　森焱的內心，一直往下沉進海洋深處，在一個個如泡沫如泡影的迷思中迷失。

19

　　班多鈕這段時間，一直進行着探戈創作的音樂工作，涵蓋了演出、作曲、編曲，並全面性嘗試各音樂領域的表演與創作。

　　班多鈕叫了金鈴和森焱到舞廳，他拿起六角手風琴，拉了頭幾個音節。「大眼妹、森焱，你們試試跳這舞曲。」班多鈕對他們說：「至於舞蹈好與不好，阿根廷探戈是兩個世界的擁抱，一種對話、一個流動性、一個進行式，從來就沒有標準答案。」

　　金鈴卻鍾情帶着哀愁、敍説着寂寞，或得不到愛情的探戈音樂。它們並非意在喚起集體意識，而是呈現一種孤立而脫離現實的個體的存在，是一種看不見彼岸的悲哀……

　　她的目光觸及自己左腕——如今，她唯一的慰藉，大概只有這隻樂天留下來的手錶。

　　班多鈕彷彿看穿她的心事，在她耳邊説：「愛情不複雜，複雜的是人。」

　　班多鈕搖頭擺腦，瞪着圓圓的眼睛，拉着六角手風琴，一蹦一跳。

　　開始跳舞，森焱和金鈴馬上進入一種內心交流，感受對方的狀態，全程通過肢體進行交流，並且全情投入。

　　音樂很輕快，森焱擁抱着金鈴，帶着她在舞台的五光十色下踏步，行走，小轉圈。每一個動作都是短促細微，每一個動作都是步履輕盈。

　　正當森焱準備領她轉向另一邊，他的背部輕輕撞了一下從天花懸吊下來的鐵鈎。

電光火石間，他感覺到有東西被勾了一下，從他背樑滑到地上。

在他未反應得來的時候，清脆的玻璃聲從地面發出。

同一時間，他聽到金鈴發出一聲尖叫，她怔怔看着地上，止住。

森焱沿着她放大的眼瞳所落在的位置——

是她的手錶！

他有留意，她一直以來都是戴着這隻男裝手錶，天天如是。

此刻，水晶玻璃面粉碎，錶殼錶件散落一地，七零八落。

但見前方一黑，「砰」——本來在他旁邊的金鈴，應聲倒地。

森焱眼明手快，借力扶她一把，支撐她的頭，與她一起緩緩跪坐在地上。

班多鈕和結他手嚇了一跳，立時衝前。

班多鈕用力搖她：「大眼妹？快醒來！」金鈴卻毫無動靜。

但見她面無血色，又沒有反應，哈德問：「要不要報警？」

森焱搖頭。哈德俯身拾起地上的手錶，放進口袋。

森焱二話不說，把金鈴抱起來，一股腦兒衝出門外。現在是交班時間，街上沒有的士。

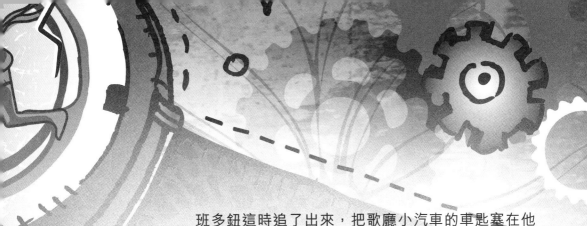

班多鈕這時追了出來，把歌廳小汽車的車匙塞在他手裏：「去，快送她去醫院。」

他把她安放在司機旁的座位，扣好安全帶。森焱心裏很內疚——他知道，這隻錶對她一定非常重要。否則，他意外打碎了她，她不會當場昏厥。

是甚麼人給她這錶？這隻錶對她來説有甚麼意義？

他大力踏一下油門，小汽車高速飛馳，忽然一輛車橫着撞了上來，他沒來得及躲閃，正好被撞個正着。

車子在空中翻了一個圈，最後四腳朝天的落在地上，發出了巨大的響聲，把所有人的注意力都吸引向這輛車。反而那輛撞過來的車，已絕塵而去，這是一場嚴重的交通事故。

警察來到時，看着車身已經不成樣子，裏面的男女彷彿沒有了氣息一樣。

20

　　護士告訴班多鈕，車禍時，兩人頭部受重創，需要做緊急開腦手術。手術後，兩人的情況非常反覆，仍然危殆。

　　班多鈕看着正躺在深切治療部的床上的森焱。他此刻正雙目緊閉，躺在病床，左手右手插滿了管子。

　　森焱感到重心在上升，他張開了嘴巴，不可思議的看着下方，發現自己正躺在病床上，一大堆的管子在自己的身上插着，這是怎麼一回事？他怎麼可能看到自己？

　　班多鈕哆嗦着鼻子，守在森焱床邊。

　　森焱感到身體不斷繼續上升，自己好像要被一種力量吸上去。經過一番掙扎，他腦中有一念頭浮現：幻滅的盡頭是重生……

　　他猛地用跳舞的旋轉姿態，不斷掙扎，終於掙脫了甚麼，他感覺到自己慢慢往下沉。

　　「死了？」一位醫生這樣跟班多鈕身旁的護士説着。「你看心電圖已經顯示，他心臟停止跳動了。」

　　班多鈕一聽，馬上放聲嚎哭。

　　「你……要向我負責！怎可能説走就走？」

　　護士見狀，馬上安慰他：「先生……先生……」

　　班多鈕又哭又鬧，抱着森焱的身體，情緒失控。

　　「先生……」護士上前阻止，拉着他的肩膀。

班多鈕淚眼模糊看向緊閉着眼睛的森焱。

這時，森焱張開眼睛，班多鈕大嚇一驚。

護士放開他：「先生，我正想跟你說，心臟停止跳動的人，是他旁邊那位老人家。」護士指指鄰近的床位。

班多鈕呆住。

森焱吞嚥一下口水：「你很重，我胸口很痛呢——」

班多鈕破涕為笑：「太好了，你沒事！」

森焱說：「剛才，可能是我最接近死亡的一刻。」

他猛然想到一件事：幻滅的盡頭是重生……

剛才，感到重心在上升，他張開了嘴巴，不可思議的看着下方，發現自己正躺在病床上時……以當時的狀態，他應該是瀕臨死亡？

而他所以能經過一番掙扎，掙脫了被吸上去的力量，是因為他當時用了跳舞的旋轉姿態——「跳舞女神」創造「宇宙之舞」，象徵着宇宙永恆的動能。所以，他是誤打誤撞，借用了跳舞作為轉化，才得以生存？

21

　　躺在深切治療部的床上的金鈴，需要靠呼吸機維持呼吸，身上接着心電監護儀，不時發出「噹噹」的警報聲，一旁護士正在給她身上注射藥物。她頭上包紮着紗布，髗蓋骨還多吊一個引流着血水的導管瓶。

　　森焱驚惶失措。

　　這時，他看見有兩個白影在病床後，拉着一個女人。

　　「你們是誰？放開我？再不放開我，我就大聲叫了。」她是金鈴！

　　她的大眼睛不斷向四周看，森焱向她撲去，想幫她一把；但撲了個空──她似乎看不見自己。

　　「求求你們了，告訴我要去哪裏吧？我要等我男朋友。」她摸一下自己的手錶，這才發現，樂天留給她唯一的遺物，都沒有了。

　　她崩潰了：忽然間全身乏力，一身癱軟。

　　一下子，她如迷路的孤魂，整個人墜入一種無盡的絕望之中。

　　她閉上眼睛，全身在褪色，從腳底開始向上延伸，彷彿在急速枯萎……

　　兩個白影，一左一右拉着她的手，帶她往上升。

　　森焱失聲大叫：「金鈴！你在做甚麼？回來，快回來！」

22

金鈴萬念俱灰：這個世界，再不屬於自己。

金鈴感到身體的重心在不斷上升，自己好像要擺脫甚麼。

眼前是似曾相識的景象：金光眩目的漩渦。漩渦中央，是蜜糖色天空、軟綿綿雲朵、綠油油草地、七彩繽紛天堂鳥和吱吱喳喳的靈彩雀。這些優美風光，像懸浮在空氣上，疑幻似真。

是十五年前，在那次旅程，她眼前出現的仙境中，樂天消失在漩渦前，她見過的景象。

「樂天？是你嗎？」

頃間，眼前的景色變得一切都是灰濛濛的，剛才還是晴空萬里，而且她感覺到越來越冷，這種冷並不是天氣那種冷，而是從腳底到頭頂發出的一種陰冷，這種陰冷很容易摧垮一個人的意識。

終於有了一個聲音，像是來自一個很陰暗的角落裏。

「金鈴——」

金鈴的血脈在一瞬間凝結。是他——樂天的聲音。

「樂天？你在哪裏？為甚麼？為甚麼你當年不肯帶我走？」金鈴一邊問一邊哭。

樂天長長的嘆息。

金鈴着慌了，她向着漆黑的暗影叫道：「我不要失去你，絕不能失去你。我現在就跟你走。我想找回和你分別前，雙手緊扣着的最後一刻

感覺。如果找到那份感覺，我寧願孤獨終老，永遠停留在幻滅之中。」

樂天沉聲：「這地方，沒有光，只有黑暗。我在這裏被囚禁了十五年，沒有影像，沒有花香，甚至沒有其他人。這裏，其實並非柏拉圖想像的仙境；這裏，只是虛空。」

金鈴說：「有沒有方法令你回來？」

樂天溫柔地說：「我這十五年來，沒有一刻不在想這件事。我現在之所以能和你對話，是因為我聽到你最後的呼喚。我的精神，暫時超越了肉體，來告訴你一個秘密。」

金鈴說：「甚麼？」

樂天說：「你大概記得，我父母是死於空難。而我的祖父母，同樣是死於非命。這是因為，他們得到了那隻手錶。」

金鈴問：「莫非，手錶蘊藏死亡詛咒？」

「相反，手錶是展現一個人間的希望。」樂天搖頭：「Destroy 是當年祖父母的遺訓，但奇怪的是，我每次想有好事發生，這個字就會忽然出現在我腦海中。記得嗎？十五年前的旅行，我向你求婚。」

金鈴終於明白，為甚麼在機票收據後面，會有 Destroy 這字。

「如果死亡等於幻滅，那麼，我們要迎接的，是重生。因而，手錶上的「跳舞女神」，擔當着轉化的職能。這些事，都是在後來，我在這虛空中，慢慢領悟的。」

金鈴想起了，電影《探戈情未了》中的舞王舞后一生相守相分，是絕配也是怨偶；但，到了最後，他們的 Last Tango，卻成為多少人重新

相信，世上有愛。既是幻滅，也是重生。

金鈴似乎有所明白。

樂天愉悅地說：「既然已經知道「跳舞女神」擔當着轉化的職能；我自然可以，找出方法重生。」

金鈴喉嚨哽着嗚咽，無法發出聲音。

「不要再沉迷幻滅和過去了，答應我！」樂天的聲音，漸漸消失。

她的淚水緩緩流出眼眶。

金鈴心想：不是真的！不是真的！我一定在做夢，這是一個做了十五年的夢。夢醒後，我會看見，貪睡的樂天，半張開口，像個孩子般，在我身邊睡得香甜⋯⋯

她想猛力打自己的臉龐，肯定自己會醒來。

金鈴感到臉上一陣火燙的熱度，她感到臉上被打得又紅又腫。

她用力掙開眼睛，看見天花板上刺眼的白光。

「醫生！來，快來！她醒了！」耳邊是森焱的聲音。

23

　　自從那天晚上，他做了一個金鈴被白影帶走的噩夢；醒來之後，即使獲悉她並未情況轉差，他亦寸步不敢離開她。

　　他曾經經歷死亡，他知道，在生死之間是甚麼一回事。

　　就像班多鈕曾經對他所做的；只要他在，就可以把她從鬼門關帶回來。

　　剛才，他看見金鈴在流淚。他怕她有甚麼事，情急之下用力拍打她的臉想叫醒她。

　　結果，金鈴竟然奇蹟地甦醒過來。

　　森焱説：「我一直在找尋幻滅的盡頭。」

　　金鈴説：「樂天叫我找尋重生的力量。」

　　兩人四目交投。

　　她抬起大眼睛向森焱説：「我不再跳舞了。」

　　森焱怔住：「甚麼？你不再跳舞？」

　　他的內心忽然痛痛揪了一下。

　　他覺得觸感敏銳的她，將來會是一位好的舞者；他覺得能夠重新出發的她，此刻最應該好好跳舞。

　　他胸臆中不由自主地發了一個願：他很想她能留下來，繼續與自己共舞。

24

　　金鈴出院之後，再次來到樂天的居所。上次她來的時間，愁雲慘霧；但今次，她卻感受一份輕鬆。

　　班多鈕頹廢了二十年，也可以捲土重來；茉莉本來一心等死，卻因為受到鼓舞而振作；她自己等了戀人十五年，終於參透幻滅與重生是共生。

　　她不再需要沉醉於幻滅。

　　金鈴回到教室，把貯物櫃鎖匙歸還。這時，森焱在她身後出現。
　　這段時間，他一直記掛着與她共舞時的魔幻時刻⋯⋯他日以繼夜思量，到底如何令金鈴改變主意？
　　終於，他想到了用一個最能感動人心的方法去挽留她。
　　此時出現的森焱，二話不說，臉上流露出不尋常的激動，一手抓住她臂膀，帶她下樓離開。
　　「你自己跟班多鈕説吧，如果你不再跳舞，他一定發瘋，説不定天天找我麻煩。」森焱苦惱地搖頭。
　　她跟着他進去，剛好班多鈕在抹琴。他一見是金鈴，興奮地跳起：「大眼妹！」

金鈴一直不喜歡他叫她大眼妹。既然是來道別，他喜歡叫她甚麼就叫甚麼好了，金鈴不再和他爭辯。

　　班多鈕用手捧着頭，瞪眼看着金鈴：「不跳舞？為甚麼不跳舞？你怎可以不跳舞？」他連珠炮發，雙頰通紅，激動得差不多要爆血管的樣子。

　　金鈴馬上說：「你冷靜下來，先聽我說……我不須要跳舞了。」

　　班多鈕急得原地團團轉：「你怎可以不跳舞？」

　　金鈴抬起眼睛：「當初我去 Destroy 教室，是為了想找回和樂天分別前，那雙手緊扣着的最後一刻感覺。但，如今我已經重生，再不須要沉溺在幻滅的悲傷之中，不須要跳阿根廷探戈了。」

　　班多鈕用力抓着銀白的長髮，憤怒地大叫大跳：「我不知道你在說甚麼！總之，你一定要跳舞。」

25

金鈴說：「你是否已經作好了新歌？這樣吧，我現在跳最後一次。」

這其實是森焱的佈局，他要班多鈕穿針引線，讓他和她跳最後一次探戈。

這時，歌廳門外一片鬧哄哄。一眾教室的老師和同學們衝了進來。

班多鈕沒有理會他們，雙手拉動六角手風琴，琴身產生爆裂聲響，在風箱拉合之間所發出的特有氣聲，奏起第一個渾厚多變的輕快音節。

是米隆加（Milonga）。

森焱配合這種活潑俏皮的音樂，以嘻鬧玩耍的姿態，開始領著她跳舞。

當大夥兒看見舞台上的森焱和金鈴，怔住了，不發一言。

他帶著她轉圈，舞步交織旋轉，親密得漸漸變成一體。兩個人之間的互動，是鏡面的人生，是兩情相悅，是靈魂深處的共振，儼如相知的伴侶，緊緊相擁。

被酒氣醺得眩暈的她，背上展開了彩蝶的薄翅，在幻彩的舞台射燈下旋轉。她開始微喘，開始臉紅，開始心跳加速……她卻沒有停步，只是讓靈魂繼續追尋對方的節奏和步伐。

森焱和金鈴，一下子化成李白與蝴蝶。醉酒了的詩仙，捧起掌心的粉蝶，在月下共酌共舞。曲調裏是愉悅忘憂，是快樂無愁。

半醉半醒，求醉並不是因為害怕了夜的寂寞和絕望，而是為慶祝人生而享樂。

　　她和他，周圍是曠野裏盛開的花，燦爛盛放，萬紫千紅。即便是兩個人跳，也如同一個人的舞蹈，在進退，旋轉，停頓間，散發出感動人心的光芒。

　　在班多鈕彈完最後一個音符，一切戛然而止。班多鈕的雙眼，閃出了異樣的光彩。眼前這對男女，以相同的角度聚焦在相握的手。伴隨樂曲，相依相守。

　　金鈴心跳得很快，雙頰泛紅；但今次她沒有跑掉。

　　金鈴心裏生出一種惘然：為甚麼這種感覺，和上次完全不同？她內心，不再感到冷凍的悽楚，而是感受到一份溫暖的喜樂。

　　她頃刻明白過來。

　　跳阿根廷探戈不一定只有悲哀，它還可以包含快樂的愛。一切，只是取決於自己。

26

　　圍觀的老師和同學掌聲四起，前額滑過汗珠的森焱，低頭看着金鈴，在微笑。

　　大家感受到，由兩人散發出來的撼動。所有人彷彿被漆黑中升起的太陽所包圍，兩人完全敞開自己，同時經歷魔幻時刻，讓深層情感得以流露出來，就像攜手進入了仙境。

　　激動不已的班多鈕，放下六角手風琴。

　　森焱和金鈴的共舞，令氣氛升溫，圍觀的同學們的靈魂驟然炙熱起來。敏銳的班多鈕馬上拿起六角手風琴，再次演奏剛才的舞曲。

　　眾人心中更為激動，紛紛跳上舞台！在激昂節拍中，舞者如癡如醉，以靈活的肢體，雙雙對對起舞。所有人都轉起來，跳起來。

　　一對對、一排排，各跳各的，有人熱
情似火，有人柔情似水，一半海水一半火
燄。他們的舞蹈，他們的熱情灑滿整個舞
台……就像一場華麗聲光饗宴。

　　明明只有班多鈕的六角手風琴在演
奏，在燈光下閃閃發光，此刻每個人都喜
氣洋洋，興高采烈，人聲紛沓，彷彿是張
燈結綵，響樂齊鳴。

　　一直嫵媚、一直喚魂、一直歡快、一
直跳下去。此刻，所有人的舞蹈都是有靈
魂的，火花四射，驚艷全場。這是一場即
興、一場暴舞，跳得刺激，而森焱和金鈴，
就站在這場熱舞風暴的中心！

班多鈕此時已經涕泗縱橫，他走向金鈴身邊，説：「多謝你，大眼妹，你跳這首 *Last Tango*，令人這麼感動。好吧，祝福你找到重生的快樂。」

　　金鈴微笑：「我……愛上阿根廷探戈，不知道班多鈕會否再次寫舞曲給我呢？」
　　全場躁動，繼續歡天喜地跳探戈。

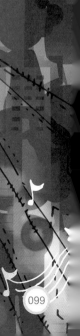

27

　　這天放學，森焱在廟街與金鈴吃着煲仔飯，看着招牌白光反照在瀝青路上的貓眼石，似乎比那年那天，豪門晚宴上亮晶雲石地板，更奪目。

　　幻滅的盡頭，是重生；即使身陷絕望，我們也要相信希望。

後記

　　到底 Magic Moment 有多厲害，也許只有舞者能領悟。

　　有人會因為家人而逼不得已放棄夢想；有人會因為外在環境而放棄夢想；亦有人會因為安於現狀而不再追尋自己夢想。有多少人，真正能堅持自己的目標，堅持到最後？

　　這或多或少，要看一個人的心態。

沒有任何事是必然和永久，也沒有最好或者最壞的時候。

　　即如，舞王舞后一生相守相分，是絕配也是怨偶；但，到了最後，他們的 Last Tango，卻令多少人重新相信，世上有愛。

　　再三細味，也許，你會在這本書裏，找到自己。
　　珍惜，當下。

探戈教室

 阿根廷探戈是男女合跳的雙人舞，以即興為主，不須排練，而是靠臨場發揮。一般男生是引領者，女生是跟隨者。而探戈真正的魅力，也是在於讓舞者根據自身的情緒，跟隨不同的音樂，即興演繹出屬於自己風格的舞蹈。

 舞蹈的起源一直可以上溯到原始社會的遠古祖先。人們在生產勞動中，或是在戰爭的搶奪中，或是在節日的歡慶中，扭動身軀，亮出自己雄健體魄或美麗身形，後來人們將它規範起來，就成為舞蹈。

 英國人的探戈，雖然源出於阿根廷探戈，但卻是大有不同。阿根廷探戈獨特的貼臉靠肩握持，加上舞步中男女四腿的交纏，在自命清高的英國人眼中，阿根廷探戈被扣上了色情代號。直到十九世紀，英國倫敦才肯認定阿根廷探戈是社交舞蹈的一種，但改變握持的方法，「英式探戈」應運而生。不像其他大部份的社交舞，阿根廷探戈沒有固定舞步，它是一種完全即興創新的舞蹈，由帶領者決定如何將不同的舞步自然的連接在一起。

阿根廷探戈中，有平衡和交叉系統，當男出左腳，女出右腳，叫平衡系統；男出左腳，女都出左腳，叫交叉系統。但交叉系統，在標準舞裏，會被視為不正確的步伐。

跟其他鍵盤樂器相比較，六角手風琴，又名班多鈕，可能是唯一一個左手鍵盤跟右手鍵盤的音高排列完全無邏輯法則的樂器。感覺上就像是把鋼琴每個鍵拿下來，把原來照音高排列的順序打亂的感覺。同個按鍵，風箱打開時，與跟關風箱時所發出的聲音又不同，等於說，演奏者要懂兩套鍵盤規則，一套風箱，一套指法；還要能夠適時的切換。

米隆加（Milonga）這個字有三個含義。第一個含意是一種音樂，節奏明快。第二個含意是有獨特探戈風格的舞種，它步調較快和簡潔，更加強調舞者必須努力保持自己身體放鬆，跟貼音樂的每個節拍。第三個含意是聚會，後來發展成探戈舞會。在「Milonga」跳舞的人被稱為「Milongueros」。

秘密邀請（Cabeceo）。在探戈音樂開始後，男士和女士環顧四周，尋找對方的眼睛。當兩人四目相對，男士以輕微動作示意，

被盯着的人很快就會意識自己被邀請了。她在這時會做出選擇：接受或拒絕。如果拒絕，她會移開視線，以表示拒絕。如果接受，她會回眸點頭以表示接受。此時男士走向該女士，直到他停在女面前，女士才站起來，兩人一起進入舞池。在整個過程中，最重要是，男人的目光不能從女人身上移開。

阿根廷探戈的節奏。當舞者已經熟練掌握節奏節拍，旋律，並能根據不同的樂器演奏來跳舞。這個時候就需要加舞蹈的情感。這個情感有時是靠樂隊的演奏情緒來決定的。例如：六角手風琴，它可以表現歡快，節奏緊湊，也可以表現哀怨，旋律悠長。這種不同就需要表現在舞蹈裏，自然也成為音樂性的一部份。

四大名家（1）

奧斯瓦爾多‧普格列斯（Osvaldo Pugliese）在 1950 年出生，他是首位音樂家將阿根廷探戈的演奏發展成音樂會的形式，並將探戈音樂的戲劇性提升到了巔峰，更得到了國家探戈學院授予的榮譽院士稱號。普格列斯在 19 歲組成了四重奏樂團，當時他就寫下了他最著名的探戈樂曲《回憶》，而這首曲，被許多人認為是純音樂風格的探戈樂曲始祖。普格列斯在 24 歲那年再組成六

重奏樂團，並在著名的國家音樂館進行演出，然而這個樂團在一次阿根廷境內的巡迴演出失意，而不得不解散。再過十年之後，他捲土重來，成立將會伴隨他一輩子的普格列斯樂團，演奏空前轟動。他擺脫了傳統探戈音樂中固定節奏，而演變出隨着情緒起伏、忽快忽慢的節奏，締造了探戈音樂中富有強烈戲劇性的曲風。

 四大名家（2）

胡安·達里恩佐（Juan D'Arienzo），有節奏之王（El Rey del Compás）的稱號。他生長在一個意大利移民的家庭，從小他的父親就希望他繼承家裏的農產品事業。而胡安·達里恩佐自幼就開始拉小提琴，而他的弟弟 Ernani 是鋼琴手，亦是鼓手，他的妹妹 Josephine 也是個鋼琴手，更是一名女高音。19 歲的時候就在國家劇院的一個喜劇中演出小提琴；26 歲的時候就組成了第一個自己的樂團。他的指揮風格特別令人印象深刻，他會離樂手及歌手非常近的距離，並且給予非常誇張的表情與眼神。他的代表作有：《我依然愛你》（*Y todavia te quiero, tango*）、《耐心》（*Paciencia*）、《化妝舞會》（*La cumparsita, tango*）、《匕首》（*La Puñalada, milonga*）等。

四大名家（3）

卡洛斯·底薩里（Carlos di Sarli）有探戈先生（El Señor del Tango）的稱號，一向以非常優雅、富有張力以及非常優美的旋律著稱。13 歲那年一次意外傷及眼睛，導致他需要終身戴着墨鏡。在眼傷復原之後，Carlos di Sarli 便加入了 Zarzuela 並到全國各省演出流行樂以及探戈，接着又在戲院替無聲電影配樂以及在俱樂部中演奏探戈。在 1919 年不到 20 歲的 Carlos di Sarli 就組成了他的第一個樂團固定在幾間餐廳演出，奠定了他傳奇的樂團領導與作曲家的命運。他的代表作有：《老舞棍》（*Milonguero viejo, tango*）、《弄髒了的臉》（*Cara sucia, tango*）、《我們走吧》（*Vamos*）、《月之夜》（*Esta noche de luna*）等。

四大名家（4）

阿尼瓦爾·特洛伊略（Aníbal Carmelo Troilo），最嚮往城市街頭拉手風琴的生活。他是四人中情感最細膩、情緒最豐富的人，他經常要忍住淚水才能繼續演奏。他的代表作有：《切·班多內翁琴》（*Che bandoneón*）、《馬蕾娜》（*Malena*）、《社區的浪漫》（*Romance de barrio*）、《南方》（*Sur*），《班多內翁琴的抱怨》（*Quejas de bandoneón*）等。

魔幻時刻（Magic Moment）

魔幻時刻是指探戈舞者跳舞時，兩人進入一種疑幻疑真的仙境。由於此舞蹈沒有既定舞序，講求兩人的心靈互動，因而有機會產生這種神奇效果。曾有人在舞會上，和一位比他年紀大很多的女士跳舞，當兩人專注舞曲旋律，彷彿有兩種不同的能量在音樂中交匯，開啟一道龐大光束。然後，他發現眼前銀髮斑駁的她，忽然變回年輕女孩，舉步輕盈，兩人有默契地舞動，那幾分鐘，彷彿共同經歷一場生死。

跳舞女神（Nataraja）

她創造了剛柔兩種舞蹈，象徵着宇宙永恆的動能，進行「宇宙之舞」。這形象最早出現在公元五至六世紀的石廟雕塑中，她在一個火環之中跳舞，燃燒的火環代表着時間，象徵着循環又永無止境。向兩側飄散的頭髮象徵着流水，胳膊上纏繞着毒蛇的右手擺出了平息恐懼的手勢。她右手拿着創世之鼓，而這鼓聲不僅是宇宙第一聲，更被認為是宇宙的心跳。但同時，她左手持有一簇聖火，能毀滅世界！

卡洛斯・葛戴爾（Carlos Gardel）

1890 年出生，是一位歌手、歌曲作家、演員，也是探戈史上的翹楚。他常被人們暱稱作「小卡羅」（Carlitos）、「歌鶇」（El Zorzal）、「探戈之王」、「魔術師」、「沉默者」。

葛戴爾出生於法國南部的單親家庭，隨母親他的童年於布宜諾斯艾利斯的阿巴斯托區中央蔬果市場附近度過，他的母親當時則在一家洗衣店工作，葛戴爾在酒吧和私人聚會開始他的歌唱生涯。葛戴爾於 1917 年創作 tango-canción，其後演繹《我的悲情夜》（Mi Noche Triste）。該唱片銷售量達到一萬張，並在拉丁美洲打響名號。葛戴爾在阿根廷、烏拉圭、智利、巴西、波多黎各、委內瑞拉等南美洲國家巡迴演出，也有在巴黎、紐約、巴塞隆納和馬德里登過台。在 1928 年到訪巴黎的頭三個月，就銷售了七萬張唱片。由於名氣節節高升，他在法國和美國為派拉蒙拍了數部電影，包括《望儂那日》或《下坡》，完全展現葛戴爾精湛的歌唱才能和明星外貌。葛戴爾在 1935 年飛機失事，在音樂事業到達顛峰時逝世，因而成為拉丁美洲的悲劇英雄。對許多人而言，卡洛斯・葛戴爾就代表探戈。葛戴爾的標誌性男中音以及戲劇性的歌詞讓他許多小品成為經典。他與作詞家亞法多・勒佩拉共同創作了不少探戈的不朽之作，包括《我親愛的布宜諾斯艾利斯》、《生徒之愛》、《孤寂》、《歸》以及《一步之差》，至今仍受到世人尊崇。